Melissa Froemel

Gefühle können reden

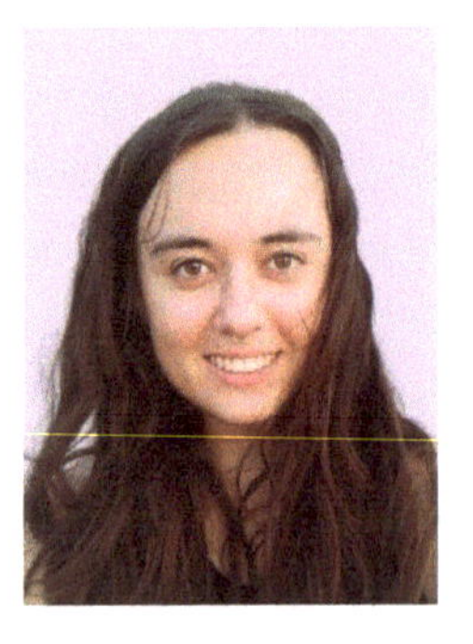 *Melissa Froemel,* geboren im Jahr 1997, hat Ethnologie und Indologie an der Universität Tübingen studiert.

Sie arbeitet im Bereich der ganzheitlichen Energie Heilung und drückt ihre Gefühle und Gedanken am liebsten mit Hilfe der Kunst aus. In ihrem ersten Gedichtband *Gefühle können reden* bietet sie einen Einblick in die innere Welt und zeigt einen künstlerischen Weg auf, um mitfühlend den unangenehmen Erfahrungen des Lebens zu begegnen.

www.holistic-energyhealing.com
@freespirit.healing

Melissa Froemel

Gefühle können reden

Gedichte

Lyrik

Bibliografische Information der Deutschen Nationalbibliothek:
Die Deutsche Nationalbibliothek verzeichnet diese Publikation in der
Deutschen Nationalbibliografie; detaillierte bibliografische Daten sind
im Internet über dnb.dnb.de abrufbar.

Verlag: BoD · Books on Demand GmbH, Überseering 33, 22297 Hamburg,
bod@bod.de
Druck: Libri Plureos GmbH, Friedensallee 273, 22763 Hamburg

ISBN: 978-3-8192-0708-2

INHALT

VORWORT

Der Regen tropfte auf die Pflastersteine vor meinem Fenster. Ich nahm die Rotweinflasche und füllte das Glas zu meiner Rechten, ließ klassische Musik laufen und nahm den Stift in die Hand.

»So machen das die Schriftsteller:innen.« dachte ich und schloss meine Augen.

»Was fühle ich?« fragte ich mich nach innen horchend und es begannen sich Bilder vor meinem inneren Auge zu zeigen.

Auf magischer Weise tanzte meine Hand über das Blatt, Wort für Wort. Buchstabe für Buchstabe. Am Ende, ein Gedicht. Fertig. Ich atmete tief durch, wachte auf und betrachtete das soeben geborene Kunstwerk. Mein erstes Gedicht *Hallo Angst* war entstanden.

Seit fünf Jahren nutze ich diese intuitive Methode des Schreibens, um Zugang zu meinen Gefühlen zu bekommen. Die daraus entstandenen Gedichte möchte ich nun mit dir teilen, denn sie sind nicht nur für mich allein bestimmt.

Die Gefühle sind es, die uns Menschen wie ein unsichtbares Band zusammenhält. Sie lassen uns lebendig fühlen, uns das Leben in allen Facetten spüren. Unterdrücken wir auch nur eines davon, kommen die anderen gleich mit. Manchmal können wir uns so überwältigt fühlen, dass wir überhaupt keine Entscheidung mehr treffen können, weil wir nicht mehr spüren, was sich richtig und was falsch anfühlt. Wir können keinen klaren Gedanken fassen und eine bewusste Entscheidung zu treffen ist scheinbar unmöglich.

Wir müssen nun tiefe Wurzeln schlagen, um in uns selbst ein sicheres Zuhause zu finden. Für mich sind diese Wurzeln das Schreiben von Gedichten. Sie geben mir Halt in den Gefühlsstürmen, lassen mich zur Ruhe kommen und schenken mir die nötige Klarheit, um weiterzugehen.

Ich höre meinen Gefühlen zu, beobachte sie und schenke ihnen meine Aufmerksamkeit. Ich lasse sie durch meine Blätterkrone sausen und werde Eins mit dem Sturm der Gefühle. Die starken Winde bringen mich nicht mehr zum Wanken, stattdessen beginnen wir gemeinsam zu tanzen.

> Unsere Geschichten mögen verschieden sein.
> Der Schmerz tief vergraben in unseren Herzen.
> Wir beginnen der Einsamkeit zu glauben.
> Sie für die Wahrheit zu halten.
> Doch bitte schenke mir deinen Glauben,
>   wenn ich dir sage: Sie lügt.
> Du bist nicht allein mit deiner Art die Welt zu sehen.
> Nicht allein mit deinen Gedanken und Gefühlen.
> Wir, deine Mitmenschen, teilen sie mit dir.

Ich wünsche dir viel Freude beim Lesen.

Falls dich meine Gedichte dazu inspirieren, selbst mit dem Schreiben zu beginnen, freue ich mich sehr darauf deine Texte zu lesen.

Schicke sie mir gerne an meine E-Mail:
info@holistic-energyhealing.com

In Liebe,
Melissa Froemel

HEILUNG

Langsam erwacht das Licht in dir.

Aus dem Samen heraus,
    wird ein wunderschöner Blumenstrauß.
In allen erdenklichen Farben,
    küsst er sanft deine Narben.
Die sich verwandeln,
    in goldenes Glitzer.

Heilend gehen wir weiter.
Hand in Hand.
Herz zu Herz.

Schauen uns tief in die Augen.
Erkennen die Liebe.
Spüren die Güte.

Ohne Angst dürfen wir sein
    und uns gemeinsam befreien.
Unabhängig von Raum und Zeit,
    lassen wir los das Leid.

HALLO ANGST

Vor mir
    eine Hängebrücke.
Schon lange nicht mehr repariert.
Selten genutzt.
Manche Bretter fehlen.
Es sieht unsicher aus
    und ich habe Angst.
Da sitzend starre ich nach vorne.
Mut wo bist du?
Tränen kullern mir die Wange hinunter.
Ich habe Angst.

Ich fange an mich selbst zu umarmen.
Schließe die Augen
    und atme tief ein und aus.
Es darf da sein.
Ich darf Angst haben.

Hallo Angst,
    ich weiß du möchtest mich beschützen.
Aber siehst du nicht, dass ich weiter möchte?
Ja, es könnte mich aus der Balance bringen.

Ja, es könnte weh tun.
Ja, ich könnte enttäuscht werden.
Ja, es ist riskant.
Aber siehst du nicht, dass ich weiter möchte?

Es darf da sein.
Aus der Balance.
Im Schmerz.
Enttäuschung.
Das Risiko.

Ich bin dir nicht böse Angst.
Ich weiß, du meinst es gut mit mir.
Was hältst du davon,
    wenn wir es gemeinsam versuchen?
Schritt für Schritt.
Wir können immer wieder anhalten
    und Kraft tanken.
Aber zusammen könnten wir es schaffen.
Glaubst du nicht?
Vertrau mir.
Ich liebe dich.

Liebe Grüße,
das Leben.

SEHNSUCHT NACH FREIHEIT

Mein Herz schlägt.
Mein Atem ist schnell.
Die Lungen heben und senken sich,
    im Rhythmus der Lavaströme
    unter meiner Haut.
Ich habe Angst.
Angst davor meine Träume
    wahr werden zu lassen.
Das bedeutet Ablösung.
Das bedeutet, die Möglichkeit zu nutzen.
Das bedeutet, sich in die Bedrohung zu stürzen.

Aber ich weiß, ich werde aufwachen
    und ich werde die Freiheit
    in Allem erkennen.
Ich werde es fühlen.
Diese Leichtigkeit.
Das spüre ich.
Das glaube ich.

Ich bin voller Energie,
    doch ich stehe an einer Kreuzung
    mit unendlich vielen Wegen.
Du solltest froh sein wählen zu können!
Sagen sie.
Und ja, ich finde das toll!

Und ja, das bedeutet
    Verantwortung übernehmen.
Verantwortung
    für den Verlauf des eigenen Lebens.
Und ja, das finde ich schwer.

Keiner sagt mehr,
    das ist richtig und jenes falsch.
Keiner belohnt oder bestraft.
Keiner kann zufrieden gestellt werden,
    denn die Verantwortung,
    die liegt nun bei mir.

Und ich spüre diese Flügel.
Sie sind bunt und bereit zu fliegen.
Sie sind nun groß genug
    und mit viel Liebe und Energie bereichert.

Und ich weiß,
    ich wache auf.
Ich werde die Freiheit in Allem erkennen.
Ich werde es fühlen.
Diese Leichtigkeit.
Das spüre ich.

Das glaube ich.
Meine Flügel sind bereit.
Bereit für den Wind.
Bereit für den Sturm.
Bereit für die Sonne.
Bereit mich über die Berge zu tragen,
    um die Freiheit neu zu erfinden.

ZU SICH SELBST STEHEN

Mutig zu mir selbst stehen.
Mein Sein nicht mehr verdrehen.
Mein Sein nicht mehr verstecken
    und mit ausgestreckten Armen
    dem Leben begegnen.
Da kann es schon mal Ängste regnen.

Die Angst
    vor negativer Bewertung.
Vor dem belächelt werden.
Nicht respektiert
    und schief angeschaut.
Es hält mich zurück.

Traue mich nicht,
    mich selbst zu entfalten.
Mich selbst zu zeigen
    und so zu handeln, wie ich bin.
Wann bekomme ich das Ding mit dem Leben
    endlich hin?

Mutig zu mir selbst stehen.
Mein Sein nicht mehr verdrehen.
Mein Sein nicht mehr verstecken
    und mit ausgestreckten Armen
    dem Leben begegnen.

Was lässt sich finden in meinen Ecken?
Verstaubt und verborgen.
Vergessene Talente.
Vergessene Freude.
Was für eine fette Beute.
Das gönn ich mir mal heute.
Und wenn sie sagen: So geht das nicht.
Frage dich, sind jene denn glücklich?

Lass dir deren Angst nicht geben.
Sollen sie ihren eigenen Weg gehen.

DER KRATER DES KRIEGES

Grenzen ziehen?
Das kann ich ihnen nicht antun.
Ich sehe sie.
Ich sehe die Lösung.
Ich sehe ihren Weg.

Helfend geh ich unter.
Helfend trifft mich der Fluch.
Helfend gefangen in meinem Käfig.

Die Gitter.
Mein verzweifeltes Festhalten.
An der Illusion,
    Menschen gegen ihren Willen
    verändern zu können.

Wir wollten doch nur Kind sein.
Sie wollten doch nur Kind sein.
Doch der Verlust hinterließ Spuren.
Wie tiefe Krater,
    erstreckt sich der Schmerz.
In unserer Gesellschaft.
In unserer Familie.
In uns.
In dir.

Zu früh erwachsen geworden.
Ohne die eigenen Bedürfnisse zu kennen.
Ohne zu lernen,
    wie Emotionen und Gedanken
    im Teamwork zusammenarbeiten.

Losgelöst von jeglicher Stabilität.
Losgelöst von jeglicher Sicherheit.
Versuchen wir nicht zu ertrinken.
Und manche,
    halten sich dabei
    an ihren eigenen Kindern fest.
Ohne zu sehen,
    dass sie schon längst
    keine Luft mehr bekommen.

Wir schreien,
    aber leise.
Wir schlagen um uns,
    aber vorsichtig.
Um niemanden zu verletzen.
Um niemanden zu irritieren.
Um die Menschen vor sich selbst zu schützen.
Um sie vor sich selbst zu schützen.
Um uns vor ihnen zu schützen.
Um uns zu schützen.
Vor dem tiefen Krater des Schmerzes,
    den der Verlust hinterließ.

Gefangen in den Schuldgefühlen.
Gefangen im Familientrauma,
    verschließen wir weiterhin die Augen.

Bis der letzte Lebenswille verfliegt.
Sich verkriecht,
    in dunklen Höhlen der Hilfslosigkeit.
Der Aussichtslosigkeit.

Wir hören auf zu funktionieren.
Hören auf zu kämpfen,
    gegen die Folgen des Verlusts.

Ich lasse meine Waffen fallen.
Ich lege mein Schutzschild zu Boden.
Diese dunkle Höhle,
    sie gruselt mich.
Sie macht mir Angst.
Sie macht mich traurig.

Und ich weine.
Und ich weine.
Und ich weine.

Ich weine für mich.
Ich weine für euch.
Ich weine für all die Gefallenen.
Ich weine für all die Schuldtragenden.

Ich weine.
Ich weine.
Ich weine.
Bis ich heile.
Bis wir heilen.
Lasst uns die tiefen Krater
    des Krieges nicht länger ignorieren.

Lasst uns hinschauen.
Lasst uns gemeinsam weinen.
Damit der Schmerz gehen darf.
Und der tiefe Krater sich endlich schließt.

BUNTER DENKEN

Setz dich richtig hin.
Wackle nicht so viel.
Sei leiser.
Sei lauter.
Lenk niemand ab.
Rasiere deine Beine.
Und auch deine Bauchhaare sind nicht oke.
Küsse nicht in der Öffentlichkeit.
Sei nicht so schüchtern.
Sei nicht so naiv.
Du bist zu langsam.
Wieso bist du so klein?
Wenn du dünner wärst,
    fände ich dich schöner.

Wieso werden Menschen
    in ihrem Sein begrenzt?

Es muss doch möglich sein bunter zu denken.
Ein Mann braucht nicht männlich zu wirken.
Eine Frau braucht nicht zierlich zu sein.

Es muss doch möglich sein bunter zu denken,
    in einer Welt der Offenheit.
Für Wandel.
Für Veränderung.

Wie ein Vogel im Käfig,
      mit unbenutzten Flügeln.
Das bin ich.
Der Sinn des Lebens?
Irrelevant.

Doch ich breche aus.
Erhebe mich in die Lüfte
      und sehe die Welt von oben.

Sie ist bunt.
Vielfältig in ihrer Einzigartigkeit.
Genau wie du.
Genau wie ich
      und der Rest der Welt,
      der mir so gut gefällt.
Es muss doch möglich sein bunter zu denken.
Selbst wenn ich die Erste bin.

DA IST KEIN PLATZ FÜR MICH

Wie soll ich meinen Platz nur finden?
Jeden Tag muss ich mich überwinden.
Dieses Spiel wird mir zu viel.
Sie sagten:
Wenn du groß bist,
    kannst du dir alles kaufen.

Sie sagten nicht,
    dass der Preis dafür meine Seele ist.

Doch die Bienen,
    sie arbeiten als Team.
Ohne Bewertung.
Ohne Leistungsdruck
    und Konkurrenz.
Fast schon meditativ
    steuern sie auf die Blumen zu.
Hinterlassen ihre Pollen Spuren.

Ich will eine Biene sein.
Tanzend mit euch kommunizieren.

Euch zeigen,
    welche Blüten die meisten Pollen tragen.
Und gemeinsam Heimat gestalten.

Ich will meine Seele entfalten.
Mich nicht mehr zurückhalten.
Und irgendwann,
    werde ich mein Platz schon finden.
Selbst wenn dieser ist, unter den Linden.

SPIEGEL DER ZERSTÖRUNG

Gerne wäre ich anders.
So wie die,
    die sich selbst nicht spüren.

Dann würde keiner mehr sagen:
Du bist faul.
Zu sensibel.
Zu gemütlich.
Irgendwann musst du lernen
    es auszuhalten.
Sei doch realistisch.

Was ich höre:
Höre auf zu spüren,
    deine Emotionen.
Höre auf zu spüren,
    deine Bedürfnisse.
Ignoriere deine Grenzen.
Ignoriere deinen Körper.
Denn so ist das nun Mal.
So ist das Leben.
Sagen sie.

Ich bin falsch.
Denke ich.
Wieso kann ich nicht normal sein?
Einfach machen.

Einfach funktionieren.
Nicht mehr spüren.
Durchhalten.

Fühle mich belächelt.
Nicht ernst genommen,
    in meinem Sein.
In meinem Leid des Vergleichs.
In meinem Leid des Wahrnehmens.
In meiner Energie.

Das schlechte Gewissen,
    ich zu sein.
Das unangenehme Gefühl,
    allein zu sein.

Das schnelllebige Leben,
    lässt vergessen da zu sein.
Sich selbst ernst zu nehmen.
Wichtig zu sein.

Egoistisch soll das sein.
Sagen sie.

Wie im Innen so im Außen,
Sage ich.
Die Zerstörung der Umwelt,
    nur ein Spiegel des Umgangs mit uns selbst.
Wie kann ich Gutes tun,
während ich mich selbst zerstöre?
Frage ich.

BEDÜRFTIGE LIEBE

Liebe.
Sie zieht an mir.
Zeig mir, dass du mich liebst.
Zeig es mir.
Zeig es mir.

Schreie.
Sie sind laut.
Aus voller Kehle.
Schmerz.

Liebe mich.
Schreiend erbebt ihr Körper.
Er zittert.
Es pulsiert.
Liebe mich.
Sie schreit.
Liebe mich.
Sie weint.

Bis die Erschöpfung sie zu Boden zwingt.
Einsam und allein.

Ihr Körper sich krümmt,
    vor tiefsitzendem Schmerz.
Liebe mich,
    flüstert sie zaghaft.

Kaum hörbar.
Zaghafte Worte.
Kaum hörbar.
Stille.
Erschöpfung.
Der Schmerz im ganzen Körper spürbar.

So stark.
So lähmend.
Er macht sich breit.
Spürbar.
Spürbar.
Aber klar.

Klar wie ein See,
    liegt es nun vor ihr?
Sie blickt vorsichtig hinein.
Bis zum Grund des Sees.
Zuvor war es trüb.
Zuvor unerkennbar,
    was dort am Grunde geduldig wartet.

Dort am Grunde des Sees liegt die Antwort.
Dort am Grunde des Sees liegt die Liebe.
So sehnlichst gesucht
    und gefürchtet.
Nun darf sie danach greifen.
Darf die Liebe an sich nehmen.
Darf sie betrachten in ihrer Schönheit.
Darf sie zu ihrem Herzen führen.

Tief einatmen.
Tief annehmen.
Tief einatmen.
Tief annehmen.
Die Liebe.

BEFREIUNG AUS DER WUT

Es ist an der Zeit.
Spätestens nachdem
    dein Herz nach Liebe schreit.
Zu begreifen,
    dass das Spüren von Leid,
    dich deiner alten Muster befreit.

SEHNSUCHT NACH LIEBE

Jede Nacht
    bist du da.
Vergeblich versuche ich dich loszuwerden.
Du erfüllst mein ganzes Sein mit Melancholie.

Ich zünde Kerzen an.
Höre entspannte Musik.
Um mir selbst zu zeigen,
    ich brauche dich nicht.

Doch du bist immer noch da.
Jede Nacht.
Wenn ich versuche zu schlafen.
Manchmal raubst du mir den Schlaf.
Manchmal träume ich von dir.

Wie lange muss ich noch warten?
Gibt es dich denn?
Die Podcasts sagen:
    »Liebe dich selbst«.
Aber irgendwas in mir weiß es.
Irgendwas in mir hofft es.
Irgendwas in mir, sehnt sich nach dir.

Unwissend darüber,
    wer du bist,
    wie du aussiehst
    und wo ich dich treffen werde.
Gibst du mir Mut

Doch ich kann nicht länger suchen.
Es stielt mir die Kraft.
Ich gebe auf.
Es stielt mir die Kraft,
    es im Außen zu suchen.

Und wenn wir uns doch begegnen,
    wird es das schönste Geschenk
    auf Erden sein.

HILFLOSIGKEIT

Ein Mensch.
Ein Tuch um die Taille gewickelt.
Langes Haar,
    und im Hintergrund der Wald.

Ein Mensch.
Ein Anzug um den Körper gelegt.
Kurzes Haar,
    und im Hintergrund der Steinkohlebergbau.

Ein Mensch.
Sich fragend wieso.
Weinend spürbar,
    die Hilfslosigkeit.

Mutter Erde,
    schenkt uns Leben, Wärme und Liebe.
Sie fragt sich mit uns:
Wann ist Gier entstanden?
Und wer hat die Macht erfunden?

Viele Menschen,
    sich fragend wieso.
Weinend spürbar,
    leiden wir mit dir Mutter Erde.
In Liebe,
    deine Kinder.

EINSAMKEIT

Einsamkeit.
Immer wieder spürbar.
Der Schmerz,
    er zeigt sich in der Stille.
Fast unbemerkt begleitend.
Durch den Tag,
    beeinflusst er mein Denken.
Hinterlässt eine Leere,
    die ich nicht zu füllen vermag.
Will sie wegdrücken.
Ignorieren.
Lieber bei dir sein.
Wer immer du auch bist.
Was immer es auch ist,
    um bloß nicht diese Leere zu spüren.

Ist es die Zeit?
Wird sie mir die Leere füllen?
Wage ahnend,
    mir selbst genügend.

Jeden Morgen,
    mich selbst erinnernd,
    dass die Einsamkeit,
    nach Aufmerksamkeit schreit.

Durch sie hindurch gehen,
    das will ich versuchen.
Wie durch ein Tor schreitend.
Mit Neugier,
    vertrauen in mich selbst gewinnen.

Wissend darüber,
    dass ich die Einsamkeit annahm,
    um nicht der Hilflosigkeit
    eine Stimme zu geben.
Nicht dem Zweifel.
Nicht der Trauer.
Nicht dem Schmerz.
Sondern sie verschloss in mir,
    als wäre es ein Geheimnis.

Als wäre es zu gefährlich,
    wenn Gefühle sichtbar werden.
Und zum Vorschein kommt,
    dass Unperfekt auch ich bin.

Heute.
Mal weinend, mal lachend.
Mal zweifelnd, mal hilflos.
All das darf ich sein,
    und noch so viel mehr.
Im Spüren der Emotionen,
    in all ihren Ausdruckformen,
    darf ich sein.
Darf ich frei sein.
In mir.

DUNKELHEIT

Wie soll ich das Licht nur finden,
   ohne mich an die Dunkelheit zu binden.
Denn in der schwärzesten Nacht,
   hat mein Ich Wunder vollbracht.

Hinabgestiegen zu den Dämonen,
   weil ich dachte es würde sich lohnen,
   eigene Dämonen zu bekämpfen.
Die im Grunde nur eines wollten:
Verfange dich in meinen Ketten,
   denn niemand sonst, wird dich retten.
Gehe mit mir durch die Nacht.
Allein Sein, ist die größte Macht.

Keiner wird dich hier verstehen.
Auf dich gestellt, wie eh und je.
Tust du dir selbst damit weh.

Du dachtest es würde dir helfen,
   dich von der Liebe abzuwenden.
Du wolltest es einfach beenden,
   den Schmerz.

Denn niemand hat dir beigebracht:
Dein Schmerz hat einen Grund.
Du fühlst.
Du lebst.

Deine Seele spricht mit dir.
Schmerz bedeutet Veränderung.
Ich habe keine Angst und lass es zu.

Leise flüstert der Schmerz dir zu:
Das ist deine Chance.
Du möchtest doch sein vollkommen.
Du möchtest dich selbst verstehen.
Auf deinem Seelenweg gehen.

Leise flüstert der Schmerz dir zu:
Das ist deine Chance.
Denn in der schwärzesten Nacht,
    hat mein Ich Wunder vollbracht.

Ich kann mein Licht finden,
    ohne mich an die Dunkelheit zu binden.
Denn meine Seele spricht zu mir:
Schmerz bedeutet Veränderung.
Zum Guten.

DAS ERDBEBEN

Seit Tagen schon,
    die Fragen ertönend.
Wann wird der Regen weiterziehen?
Wann wird die Sonne sich wieder zeigen?
Als würde die Hoffnung, die Luft anhalten.
Stille, sich in den Menschen aufzwingt.
Bis sie zum Zuhören verleitet werden.
Ein starkes Beben, die Menschheit durchzieht.

Das Leid, sich in allen Ecken und Ritzen zeigt.
Noch wird die Wahrheit ignoriert.
Noch wird in der Selbsttäuschung sich verirrt.
Doch bald schon, da werden alle Masken fallen.
Menschen werden versuchen,
    sich an selbstkreierten Trugbildern
    zu krallen.
Das Licht und die Klarheit
    wird den Nebel verdrängen.
Und dem Menschen aufzeigen
    an was sie sich hängen.

Nichts als Schein.
Wir stellen uns selbst ein Bein.
Und ich höre sie schon heute schreien.
Und ich höre sie schon heute klagen.
Dann werden sie kommen mit vielen Fragen.
Aufgrund des großen Unbehagens.

Auf das vorgelebte Leben,
     gibt es keinen Reim.
Was bedeutet eigentlich Mensch-Sein?

DIE LIEBE ZUM MENSCH-SEIN

Ich liebe Menschen.
Darin spiegelt sich unsere Seele.
Gemeinsam die Welt verstehen.
Gemeinsam das Leben erforschen.
Mit heilenden Händen,
    wollen wir Herzen berühren.
Lasst uns Gefühle und Gedanken teilen.
Nehmen wir sie in ihrer Fülle an.
Verleihen wir ihnen Ausdruck.
Bis sie wieder weiterziehen.
Gemeinsam Mensch-Sein.
Frei-Sein.
Da-Sein.
Eins-Sein.

ETWAS SCHEINT ZU FEHLEN

Der Ozean.
Weit und unendlich.
Mal beruhigend.
Mal hektisch.
Vom Mond inspiriert.
Von der Sonne gefärbt.
Spiegelnd auf der Oberfläche.
Der Himmel.
Weit und unendlich.
Mal beruhigend.
Mal hektisch.
Vom Mond inspiriert.
Von der Sonne gefärbt.
Verwundert dastehend.
Ich.
Suchend nach der Antwort.
Fragend darüber was fehlt,
	während alles um mich herum
	es zu wissen scheint.
Während alles um mich herum
	in Bewegung bleibt.
Sich verändert.
Alles.

Suchend nach der Antwort.
Fragend darüber was fehlt.

Die Unwissenheit nagt an mir,
	sowie das Meer die Steine formt.
Vielleicht mag das die Antwort sein.
Irgendwann bin ich ein Sandkorn,
	dann werde ich erkennen,
	dass »unendlich viel«
	eigentlich »Eins« bedeutet.
Dann wird die Frage sich auflösen,
	in den Wellen des Ozeans
	und den Wolken des Himmels.
In dem Wissen darüber,
	dass all das ebenfalls Ich bin.
Suchend nach der Antwort.
Fragend darüber was fehlt.
Erkennend.
Die Natur.

DAS LEBEN IN UNS

Unser Körper.
Ein Ausdruck.
Ein Instrument des Lebens.
Will sich selbst erfahren.
In allen Facetten und Farben.
In den unterschiedlichsten Körpern.
An den unterschiedlichsten Orten.
In den unterschiedlichsten Gruppen.
Möchte sich selbst spüren.
Sich selbst in uns erkennen.
Das verbindende Element.
Die Liebe,
    die uns Annahme und Loslassen lehrt.
Die Intelligenz als erschaffende Kraft.
Ausgenutzt,
    um Trennungen zu erfinden.
Das Leben,
    voller Schmerz sich fragend.
Wann wir endlich beginnen
    uns selbst zu spüren.
Das Leben
    fließen lassen.
Mit unserem Körper als Instrument.
Neugierig wie ein Kind,
    die Welt entdecken.
Neues kreieren,
    weil wir selbst das Leben sind.

VERZAUBERT

Stehend,
    und doch sich bewegend.
Ruhig,
    und doch sprechend.
Manchmal farbenfroh
    und dann wieder nicht.
Manchmal stark
    und dann wieder schwach.

Ständig verändernd,
    aber immer mit Rücksicht.
Sich anpassend,
    aber sich Zeit nehmend.
Gerne verbringe ich Zeit mit dir.
Umarme dich,
    und frage dich um Rat.

Weil wir uns so ähnlich sind.
Du brauchst deine Wurzeln,
    die tief in die Erde reichen.
Sowie deine Äste,
    die sich zur Sonne wenden.
Und ohne dich,
    wüsste ich nicht,
    dass es beides braucht,
    um lebendig zu sein.
Danke.

ABHÄNGIG VOM LEBEN

Einatmen:
Schenkt Leben.
Erfüllt dich.
Ist bei dir.
Annehmend.

Ausatmen:
Schenkt Ruhe.
Entspannt dich.
Geht von dir.
Loslassend.

In ständigem Austausch
    mit dem, was dich umgibt.
Mit dem, was dich liebt.

Im Moment der Stille,
    nimmst du wahr,
    was dich beschenkt.
Und dich schon viel länger kennt.

Es möchte erkannt werden.
Mit dem Herzen neue Lieder spielen.
Andere dabei berühren,
    und lernen zu spüren.

Es möchte gesehen werden.
Mit Verständnis und Gefühl
    Umarmung erleben.
Ausdruck gewinnen.

Im Außen und Innen.
Es wird nicht still.
Es wird weiterbewegend,
    sich selbst genug sein.
Denn es gibt keine Grenzen.
Kein unabhängiges Ich.

Abhängig vom Leben,
    das uns umgibt.
Atmen wir fast unbemerkt ein und aus.
Losgelöst von der Zeit.
Hinein in die Unendlichkeit.

DER SCHATZ IM SCHATTEN

In der Ferne,
    ganz greifbar die Sterne.
Ich hatte sie schon immer sehr gerne.
Dort in deinen Augen,
    konnte ich ihren Spiegel sehen.
Sie strahlten hell und klar.
Fragte mich stets,
    was das wohl war.
Mir unbekannt und in der Welt so rar.

Vor mir liegend,
    der gepackte Koffer.
Wieder mal Zeit zu gehen.
Fühlt sich schier an,
    wie starke Wehen.
Etwas möchte nach draußen.
Etwas möchte das Licht erblicken.

Es hämmert laut gegen die Türe.
Klopf, Klopf.
Und ich frag herein.
Lieber Schatten,
    möchtest du mein Freund sein?

Du brauchst nicht zu sein allein.
Da lass uns mal hin leuchten.
Dass du darfst dich häuten.

Denn wir wissen was darunter liegt,
    wenn es sich nur dem Licht hingibt.
Ein Schatz sich zeigen wird.
Was das wohl bedeutet, frag ich dich.
Doch du weißt es nicht.
Denn es ist mein & dein.
Kann es so einfach sein?

VEREINIGUNG

So ruft es mich,
    immer lauter und lauter.
Es ruft aus der Ferne.
Es ruft aus dem Innern.
Vereine es.
Vereine es.
Vereine dich.
Mit all dem, was da ist.
Mit all dem, was dir bereits zu Füßen liegt.
Die Zeit der Dunkelheit,
    sie ist vorbei.
Im Lichte wirst du sehen.
Im Lichte wirst du hören.
Wirst du fühlen und sprechen,
    was Wahrheit ist.
Verschließe nicht die Augen,
    sondern leuchte hin
    und erkenne das Kind.
Du hörst zu.
Erschrecke nicht,
    vor dem was sich zeigt.
Leuchte weiter.
Spreche weiter.

Du darfst Sein
    und deinen Platz in der Welt annehmen.
Du darfst Sein.

SPRACHE OHNE WORTE

Lass mich lebendig fühlen,
	in deiner Anwesenheit.
Lass mich tanzen.
Lass mich malen.
Lass mich schreiben.
Lass mich singen.
Lass mich spüren,
	was es bedeutet zu Leben.

Der Nebel der Taubheit soll sich auflösen,
	in der Erkenntnis des Seins.
So viele Kategorien.
So viele Analysen und Fragen.
Doch die Antworten,
	lassen auf sich warten.
In keinen Büchern
	scheint es geschrieben zu stehen.
Die Erkenntnis.
Die Erfahrung lässt auf sich warten.

Das Leben kann nicht gelebt werden,
	indem man es in Büchern sucht.
Das Leben geschieht da draußen.
Und manche Erlebnisse,
	die dem Sein zu Grunde liegen,
	lassen sich nicht in Worte erklären.

Sie lassen sich erfahren
    durch die Melodie eines Gedichtes.
Durch die Geschichte eines Liedes.
Durch das Malen eines Bildes.
Durch die Farben des Sonnenuntergangs.
Durch Begegnungen mit dir.

Keine wissenschaftliche Analyse
    wird deine innere Leere jemals füllen.
Kein Wissen wird jemals ausreichen.

Was wir doch alle suchen,
    ist die Stimmigkeit.
Was wir doch alle suchen,
    ist Berührung.
Vom Leben.

FRIEDENSVERTRAG

Wenn ich meinem Herzen zuhören,
    dann sagt es danke.
Danke,
    dass du aufhörst gegen mich anzukämpfen.
Danke,
    dass du beginnst zur Ruhe zu kommen.
Danke,
    dass du mir erlaubst zu leben.

Wir machen einen Friedensvertrag,
    Du und Ich.
Mit dem, was uns gerade Angst macht.
Mit dem, was schwierig für uns ist.
Mit dem, wer wir sind.
Mit dem, wen wir lieben.

Wir sind zu Tränen gerührt,
    du und ich.
Ständig in Angst lebend,
    nicht ausreichend geliebt zu werden,
    rannten wir von Land zu Land.
Von Mensch zu Mensch.
Von Aufgabe zu Aufgabe.

Wir halten Inne in diesem Sturm
    und wir atmen durch.
Wir setzen uns hin.

Wir kommen zusammen.
Und wir lieben.
Wir lieben uns und das Leben.

In Zeiten der großen Trennung,
    ist der einzige Weg zum Frieden
    die Liebe.

In Zeiten der großen Trennung,
    stehen wir vor unserem Feind.
Und wir sagen:
Ich liebe dich und ich weiß du hast Angst.
Die habe ich auch.
Doch was uns verbindet,
    ist der Wunsch nach Frieden.
Was uns verbindet,
    ist der Wunsch nach Gerechtigkeit.
Was uns verbindet,
    ist die Sehnsucht
    sich endlich geborgen zu fühlen.
Sicher zu sein,
    vor dem Leid des Mensch-Seins.

In den Zeiten der großen Trennung,
    sagen wir zu unserem Feind:
Ich liebe dich und ich weiß du hast Angst.
Und ich weiß,
    du sehnst dich nach Sicherheit.
Und ich weiß,
    es ist das Leid.
Das Leid,
    das du versuchst zu vermeiden.

Das du versuchst zu umgehen.
In der Hoffnung und im Glauben,
    das Richtige zu tun.

Bis an den Rand der Verzweiflung,
    werden wir getrieben.
Wir bekriegen uns.
Wir hassen uns.
Wir vernichten uns.
Wir schließen uns gegenseitig aus.

Und inmitten dieses Sturms,
    scheinen wir alle zu vergessen,
    dass der wahre Krieg im Innen herrscht.

Wie willst du Frieden stiften,
    wenn dein Herz
    bereits seit vielen Jahren verstummt.
Deine Seele verletzt.
Deine Sprache verloren.
Im Innen herrscht,
    die große Trennung.
Und ich frage dich,
    gegen wen führst du in Wahrheit Krieg?

DIE LIEBE

Wie zwei Kinder lachten wir.
Wir sprangen über Flüsse
    und balancierten die Gleise entlang.
Wir sangen Lieder auf Quechua
    und teilten unseren Schmerz.

Für einen kurzen Moment war alles vergessen.
Für einen kurzen Moment gab es nur uns.
Uns, die Berge und die Freundschaft.

Ich vermisse den Klang deiner Stimme.
Ich vermisse, das Leben
    mit deinen grünen Augen zu betrachten.
Deine Stärke.
Deine Hoffnung.
Dein Licht.
Du bringst die traurigsten Herzen zum Lachen.
Und niemals gibst du auf.
Mit Mitgefühl und Güte,
    begegnest du der Welt.
Begegnest du mir.
Ich wünschte du wärst hier.
Bei mir.

ZIGARETTEN MIT ERDBEERGESCHMACK

Stechender Schmerz.
Aufsteigende Panik.
Lähmung.
Erinnerungen.
Bilder.
Ganz viele Bilder.
Ganz viele Situationen.
Plötzlich vor mir.
Als würde ich es nochmals durchleben.
Tiefe Einsamkeit.
Tiefe Hilflosigkeit.
Woran hielt ich mich fest?

Ich weiß es nicht.
Ich weiß es nicht.
Ich weiß es nicht.

Einsamkeit.
Nichts war mehr wie zuvor.
Der Boden unter den Füßen.
Weggerissen.
Woran hielt ich mich fest?

Ich weiß es nicht.
Ich weiß es nicht.
Ich weiß es nicht.

Ich sehe uns.
Wie wir gemeinsam in der Nacht,
    uns auf dein Motorrad schwingen.
Zwei Schwestern.
Der Wind in den Haaren.
Und wir lachen laut.
Und wir fühlen uns frei.

Ganz oben angekommen,
    blicken wir auf die Stadt herab.
»Das ist Sucre.«
    erklärst du mir.
Und wir rauchen
    Zigaretten mit Erdbeergeschmack.
Wir machen ein Bild davon,
    weil man das eben so macht.

Du fährst oft nachts Motorrad.
Das weiß ich.
Fern von Familienproblemen.
Fern von der Last,
    die sich auf deinen Schultern türmt.
Du bist für deine Mutter da.
Du gehst deinen Weg.

Doch in dir schlummert der Schmerz.
Doch in dir schlummert die Trauer.
Nicht gesehen vom Vater.
Tiefe Enttäuschung,
    bahnt sich wie Blutadern

durch deinen Körper.
Doch du bist stark.
Das sagst du sehr oft.
Du sagtest du hättest viel geweint.
Doch du warst damit allein.
Deine Tränen verborgen,
	vor den Augen anderer.
Dein Schmerz,
	tief vergraben.

Du sagtest:
Eines Tages,
	da hörtest du auf zu weinen.

Früh morgens noch bevor die Sonne erwacht,
	stehst du auf und gehst trainieren.
Immer streng auf die Ernährung achtend,
	kontrollierst du dein Leben.

Doch vor mir,
	ist dein Schmerz nicht verborgen.
Und du erinnerst mich an mich.
Enttäuscht von der Liebe.
Mit gebrochenem Herzen,
	ziehst du weiter.
Und du gehst deinen Weg,
	trotz der Last auf deinen Schultern.
Und du gehst deinen Weg,
	trotz den ungeweinten Tränen.
Und am letzten Abend,
	da sprichst du es aus.
Ich habe deine Worte gehört.

Ich habe sie gesehen.
Ich habe sie gespürt,
    in meinem Herzen.
Und auch selbst vor dir verborgen.
Und ich sehe dich.
Und ich sehe uns,
    auf dem Motorrad durch die Nacht.

AUF DEM WEG

Unwissend wohin es geht.
Unwissend wohin der Wind der Seele weht.
Kein Heute und kein morgen.
Das Jetzt entscheidet.
Damit die Zukunft nicht leidet.
Viele Möglichkeiten klopfen an.
Doch nicht alles kommt an dein Herz heran.
Wohin ruft es dich im Außen?
Lass deine Leidenschaft nach draußen.

MIR SELBST BEGEGNET

Ich habe mich selbst nicht mehr gespürt.
Viele Jahre lang,
    war dies mein Normalzustand.
Bis du in mein Leben kamst.
Ich weiß,
    nicht viele Menschen werden mir glauben.
Ich habe deine Präsenz
    schon vor unserer Begegnung gespürt.
Du warst da.
Ich habe dich dort sitzen sehen,
    in meinem Lieblingskaffee.
Und ich bin zu dir gekommen.
Und ich habe dich geküsst.

Als du dann tatsächlich vor mir standest,
    nahm ich dich lange in den Arm.
Eine Stimme sagte mir,
    wir kennen uns seit vielen Jahren.
Karmisch und magisch seit dem Beginn.
Doch in mir tobte die Unsicherheit.
Was geschieht mit mir?
Ich bin hier, bei dir.

Wir reden schon seit Stunden,
    über dich und mich.
Über Traumata, Neurodiversität & das Leben.

Ich bin hier, bei dir,
    und du kommst näher.
Ich bin hier, bei dir,
    und du berührst meinen Arm.
Ich bin hier, bei dir,
    und wir schauen uns tief in die Augen.
Ich bin hier, bei dir,
    und wir wissen was jetzt kommt.
Ich bin hier, bei dir,
    und wir küssen uns.
Ich bin hier, bei dir,
    und wir berühren uns.
Ich bin hier, bei dir,
    und wir bleiben wach
    bis zur Morgenröte.
Ich bin hier, bei dir.
Und während ich nach Hause fahre,
    habe ich diesen einen Ohrwurm:
    I kissed a girl and I liked it von Katy Perry.

Ich schäme mich für meinen Ohrwurm,
    denn für mich bist du nicht irgendein *girl*.
Für mich bist du mehr.
Für mich ist es Magie.

Es fühlt sich so vertraut an,
    mit dir zu Sein.
Mein Ich-Sein fühlt sich wohl und warm.

Du bist so zärtlich und geduldig mit mir
    und du zeigst mir wie es geht.

Du bist so zärtlich und geduldig mit mir
und du hältst meine Tränen.
Du bist so zärtlich und geduldig mit mir
und du lässt mich erzählen.
Du bist so zärtlich und geduldig mit mir
und dir nah zu sein gefällt mir.

Bei dir durfte ich das erste Mal
mir selbst begegnen.
Auf eine Art und Weise,
die mir bisher unbekannt.
Als ich dir begegnete,
begegnete ich mir selbst.
Ich wusste nicht,
dass ich so fühlen kann.
Ich wusste nicht,
dass ich so Sein kann.

Deine Worte hallen nach:
It seems to be so natural for you
und ich stimme dir zu.

Mit dir zu erfahren,
wie es ist, mich selbst zu finden.
Mit dir zu erfahren,
wie es ist, mich selbst zu lieben.
Mit dir zu erfahren,
wie es sich anfühlt Ich zu sein.
Das fühlt sich natürlich an.

Mich selbst zu lieben.
Zum ersten Mal.
Mein erstes Mal.

Zum ersten Mal.
Mein erstes Mal.
Ich Sein.

DIE ANGST SPRICHT

Und ganz plötzlich ist es da.
Und ganz plötzlich
    fühlst du es durch deinen Körper strömen.
Das Leben.
Es streichelt sachte deine Wangen.
Es umarmt dich in schweren Zeiten.
Es küsst sanft deine Lippen.
Und schenkt dir den Mut weiterzugehen.

Die Angst an die Hand zu nehmen,
    und ihr zu sagen: Du kommst mit.
Diesmal lasse ich dich nicht im Stich.
Diesmal werde ich dir zuhören.

Sie sagt: Weißt du noch damals?
Als wir ganz allein waren?
Als ich zum ersten Mal zu dir kam
    und du nicht wusstest was tun?
Du hast mich ignoriert und weggesperrt,
    als dürfte ich nicht zu dir gehören.
Als wäre ich eine Fremde.
Unerwünscht im eigenen Heim.

Ich wollte dir nur helfen.
Ich wollte da sein und dich warnen.
Liebe Angst, ich höre dich.
Doch ich war selbst noch ein Kind.

Ich war zu jung, um zu verstehen,
    dass du mir helfen wolltest.
Ich bekam Panik
    und wusste nicht, was tun.
Mein Körper, in Gefahr.

Ich weiß, du wolltest mich warnen.
Und ich weiß, das tust du auch jetzt.
Ich bin da und lass dich sein.
Gibt es da noch etwas,
    das du mir zu sagen hast?

Ja, sagt sie.
Ja, ich will dich nur beschützen,
    vor den Menschen.
Jenen Menschen,
    die unerwartet dich verletzen.
Jenen Menschen,
    die uns nicht verstehen.

Jenen Menschen,
    die dir unrecht tun.
Jenen Menschen,
    die Dinge von dir erwarten,
    die deiner Seele ungut tun.

Ich habe Angst.
Die Angst hat Angst?
Frage ich.
Oh, ja.
Wovor hat die Angst wohl Angst?

Ich habe Angst,
    dass du mich nicht mehr brauchst.
Dass du mich wieder so allein lässt.
Ich will, dass du mir zuhörst.
Ich will auch da sein.
Ich will, dass du mich lieben lernst.

Was kann ich dir denn Gutes tun?
Frage ich.
Kümmere dich um deinen Körper.
Gebe mir mehr Natur und Rhythmus.
Gebe mir auch gute Zeiten,
    der Ruhe und Entspannung.

Stresse mich nicht mit deinen Gedanken,
    nicht genug zu sein.
Lass mich auch mal durchatmen.
Lass mich auch mal das Leben spüren.

ÜBER MICH

Ich dachte ich erzähle dir
   Mal etwas über mich.
 Ich mag keine Kiwis
   und auch keine Ananas.

Ich mag die Poesie
   und ich mag es der Natur zu lauschen.
Ich mag Sonnenuntergänge
   und ich mag es mit Freunden zu reden.

Ich mag die Feinfühligkeit,
   doch manchmal wird sie mir zur Last.
Ich mag die Balance,
   doch auch diese verliere ich an manchen Tagen.

Ich mag den Zyklus des Mondes
   und mit ihm zu leben.
Ich mag die Wellen des Meeres
   und mit ihnen zu gehen.
Ich mag die großen Fragen des Lebens,
   doch manchmal finde ich keine Antwort.

Ich mag die Stille,
   doch manchmal fühl ich mich in ihr einsam.

Ich mag das Leben
   und ich mag es Menschen zu lieben.

Ich mag die Magie
   und ich mag es, sie zu beschreiben.

Ich mag Gefühle,
   doch manchmal würde ich sie gerne umgehen.
Ich mag mich selbst,
   doch manchmal scheine ich es zu vergessen.

Ich mag, dass das Leben so vielfältig ist
   und die Option des »sowohl, als auch.« 's.

Wer bin ich?
Ich bin all das und noch so viel mehr.
Und vor allem bin ich die Gegensätze vereint.

*Ich glaube fest daran,
dass die Kunst unsere Seele heilt.*

DANKE

Danke an meine Oma *Flora*, die mich lehrte von Herzen zu lieben.

Danke an meine *Eltern*, die immer an mich glauben, egal welche verrückten Ideen ich als nächstes habe.

Danke an meine Brüder *Nicolas* und *Anselmo*, für all die Momente der Leichtigkeit und Verbundenheit.

Danke an meine Freunde *Steven*, *Agnes*, *Saskia* und *Sanni*, die genau dann in mein Leben traten, als ich am meisten Unterstützung gebraucht habe und mein Leben täglich bereichern.

Danke an meine Seele, die mich immer wieder zurück auf meinen Weg lenkt.

Und danke an all die anderen Wegbegleiter:innen, die mich inspirierten Ich zu sein.